I0470623

7 Principios para el Éxito Financiero

Aprende sobre los 7 principios dados por Dios y que han sido probados por el tiempo para tener éxito con tus finanzas personales. Te damos el qué, el por qué y el cómo de ganar con tu dinero.

Por José R. Figueroa
Coach de Finanzas Personales & Blogger @ Figueroa Financial

Dedicatoria

A mi mejor amiga, mi fanática mayor, y el amor de mi vida, mi esposa **Stacey** por su apoyo incondicional en la creación de este libro. ¡¡¡Te amo cada día más!!!

Contenido

Capítulo 1
Introducción

"La ley del SEÑOR es perfecta, que restaura el alma; el testimonio del SEÑOR es seguro, que hace sabio al sencillo."
Salmos 19:7 (LBLA)

¿Por qué estoy escribiendo este libro? Después de todo, hay tantos libros sobre finanzas personales que ya están disponibles. ¿Por qué tomarme el tiempo?

La razón es simple. Nuestra familia ha estado en un viaje de transformación financiera por un poco más de *7 años* y he tenido un poco de tiempo para reflexionar sobre cuanto hemos avanzado. Hemos experimentado los beneficios de aplicar principios que han sido *dados por Dios* y que han sido *probados por el tiempo* para ganar con nuestras finanzas personales.

Por las bendiciones que hemos recibido, quiero compartir estos _7 Principios para el Éxito Financiero_ contigo. Quiero que tú y tu familia puedan prosperar y que sean bendecidos como nosotros.

Nuestra Historia

Aquí puedes ver una imagen de la situación financiera de mi hogar hace *7 años*:

- Tenía un buen trabajo, estable, con gran paga. Pero… estábamos viviendo de quincena a quincena, de día de pago a día de pago. Usando tarjetas de crédito *para hacer la diferencia* al fin de cada mes.
- Teníamos casi **$50K** en deudas (préstamo de vehículo, tarjetas de crédito, préstamos estudiantiles, etc.).
- No *teníamos ahorros* para emergencias.
- No teníamos un *plan para pagar los costos de universidad* de nuestro hijo.

- Teníamos muy *poco ahorrado* para el retiro y no teníamos un plan para ahorrar más.
- No estábamos *trabajando unidos* como pareja.
- Nos dimos cuenta que no estábamos *honrando al Señor* con el manejo de nuestras finanzas. También concluimos que necesitábamos ayuda para cambiar nuestra situación.

Me di cuenta de que necesitábamos ayuda. En el otoño de 2005, nuestra iglesia ofreció el curso de *"Tranquilidad Financiera"* de Dave Ramsey ("Financial Peace University" - FPU) y yo atendí el curso que duró **13 semanas**. Al compartir con mi esposa lo que estaba aprendiendo, empezamos a aprender y aplicar *principios bíblicos* para el manejo de finanzas. Comenzamos un *viaje que transformó* la vida de nuestra familia.

Yo con mucho agradecimiento puedo compartir el impacto positivo de esta decisión de buscar ayuda hace 7 años. Aquí es donde estamos hoy:

- Estamos viviendo en un *presupuesto*. Tenemos un *plan* para nuestras finanzas. Hemos aprendido a *vivir con menos* de lo que ganamos.
- En *29* meses pagamos todas nuestras deudas (**$50K**).
- Tenemos una reserva para emergencias que cubre **6** meses de gastos.
- Pudimos cubrir los gastos de Universidad de nuestro hijo sin tener que *tomar dinero prestado* y sin él *tomar dinero prestado*.
- Tenemos un *plan* para ahorrar para nuestro retiro.
- Estamos *honrando al Señor* con el manejo de nuestras finanzas.

Mi Promesa: Ayuda y Esperanza Para Tus Finanzas

Creo firmemente que tú y cualquier persona puede ganar con las finanzas personales. A veces, sólo necesitas un poco de ayuda y es aquí donde entra en juego este libro. Quiero que tengas esperanza acerca de tu situación financiera. Quiero que tú y tu familia comiencen a soñar de nuevo. No quiero que nadie se quede atrás en una situación desesperada con sus finanzas. Hay una manera de ganar con el dinero y es con los principios que Dios nos ha dado.

Así, en los próximos capítulos vamos a desarrollar cuales son estos principios y como los puedes aplicar. En esencia, te voy a dar el qué, el por qué y el cómo de ganar con tus finanzas.

Antes de continuar aquí están los *7 Principios para el Éxito Financiero*:

1. Vive con menos de lo que ganas. Vive dentro de un presupuesto.
2. Mantente preparado. Ahorra para emergencias.
3. Reduce el riesgo. Evita las deudas de consumidor y paga la hipoteca temprano.
4. Piensa sobre el futuro. Ahorra para el retiro y la universidad.
5. Diversifica tus inversiones. No pongas todos tus huevos en una sola canasta.
6. Ama bien a tu familia. Trabaja con tu cónyuge. Usa los seguros. Prepara un testamento.
7. Principio 7: Sé generoso. Da con extravagancia.

¿Estás listo para empezar? ¡Empecemos!

> *"Si haces las cosas que debes hacer cuando necesitas hacerlo, entonces algún día podrás hacer las cosas que quieres hacer cuando desees hacerlo."*
> *Zig Ziglar*

Capítulo 2
Principio 1: Vive con menos de lo que ganas. Vive dentro de un Presupuesto.

²⁸ Porque ¿quién de ustedes que quiera levantar una torre, no se sienta primero a calcular los costos, para ver si tiene todo lo que necesita para terminarla?
²⁹ No sea que después de haber puesto los cimientos, se dé cuenta de que no puede terminarla, y todos los que lo sepan comiencen a burlarse de él
³⁰ y digan: "Este hombre comenzó a construir, y no pudo terminar."
Lucas 14:28-30 (RVC)

Algo que debes saber acerca de mí es que soy un gran aficionado a los deportes. Habiendo crecido en la isla de Puerto Rico en los años 70 y 80 el béisbol fue y sigue siendo mi primer amor. Después de mudarme a los EE.UU. en 1991, empecé a seguir la NBA (baloncesto Profesional) y la NFL (fútbol americano profesional) mucho más de cerca. Basta decir, el seguir a equipos de deportes, leer acerca de ellos, y discutir los eventos con amigos (o gritarle a la televisión) ha sido una parte importante de mi vida.

Un aspecto común que he observado en los últimos años es que, independientemente de los deportes, el equipo y los atletas tendrán problemas de vez en cuando. Ellos caerán en una larga racha negativa o sufrirán muchas derrotas consecutivas. Y otro factor común es que por lo general encuentran la manera de salir del problema con un enfoque simple: regresar a lo básico. Ves, la mayoría de los atletas y equipos *saben qué hacer*. Ellos entienden la mecánica del juego, lo que cada posición requiere. Lo que sucede a veces es que la información que tienen en sus cabezas no se traduce en la *ejecución* en el campo de juego. Así que para salir del mal momento, se comprometen a regresar a lo básico.

Para ganar con las finanzas personales, existe una situación similar. La mayoría de la gente entiende los conceptos básicos de lo que se necesita, pero pocos aplican la información con gran éxito. Así que este capítulo está dedicado al aspecto más fundamental de la administración de tus finanzas. Sí, la temida palabra "**P**": **el Presupuesto**.

Yo te prometo esto: si no puedes controlar tu dinero mediante un presupuesto, no puedes acumular ahorros, no puedes pagar tus deudas, y no puedes planificar para el futuro. Ahí es donde todo comienza. Así que vamos a volver a los fundamentos de la elaboración de presupuestos.

¿Qué es un Presupuesto Escrito?

Básicamente un presupuesto:

- es simplemente un *plan* para ayudarte a manejar y controlar tus finanzas
- te da a ti y a tu esposo/esposa una forma objetiva y comprensiva para *discutir* asuntos de dinero
- te ayudará a *vivir con menos* de lo que ganas

En esencia, como el experto en liderato John Maxwell dice: *"Un presupuesto es la gente diciéndole a su dinero que hacer, en vez de tener que averiguar a donde se fue."*

¿Por qué necesito un Presupuesto?

Vivir en presupuesto es simple, pero requiere esfuerzo y determinación. Sin embargo, te puedo asegurar que vale la pena. Un presupuesto funcional es la llave que abrirá la puerta a tu bienestar financiero.

Si te decides a vivir en presupuesto cada mes, aquí están algunas de las bendiciones que puedes esperar:

- Finalmente tendrás un *plan* para tu dinero.
- Tendrás una *forma objetiva* para discutir asuntos de dinero con tu cónyuge.
- Vas a ganar el *entendimiento* de tus patrones de gasto.
- Aprenderás a *vivir con menos de lo que ganas*.
- Obtendrás el *control* sobre tu dinero.

¿Cómo se prepara un Presupuesto?

- Mantenlo *simple* (¡no se necesita una hoja de cálculo Excel con 17 fichas!). Una libreta de notas será suficiente simplemente si te decides a hacerlo. Hoy en día también existen opciones en el Internet como Mint.com o YNAB.

¡Usa *la herramienta que mejor se adapte a ti*, pero asegúrate de usar algo! Para mí, una hoja de cálculo Excel me ha servido bien durante los últimos **7** años.

- Prepáralo todos los meses *antes* que el mes empiece. Cada mes es un poco diferente.
- Haz una lista de *todas* tus fuentes de ingreso mensual.
- Haz una lista de *todos* tus gastos mensuales.
- Como diría Dave Ramsey, gasta cada dólar *"en papel"* y *"con propósito"*. En otras palabras, asigna cada dólar a una categoría de gasto. Esto es lo que se llama un presupuesto de *"base cero"*. Al final, la ecuación de ingreso – gastos debe ser igual a cero.

Recordatorios Importantes

- Hazlo *todos los meses*. Planifícalo y vívelo. Mantente al día con tus gastos.
- Trabaja con tu cónyuge (si eres soltero, busca un amigo que te ayude).
- Utiliza tu presupuesto para entender mejor tus patrones de gasto.
- Dale prioridad a las dádivas/donativos.
- Concéntrate en las *necesidades*, no en los deseos.
- Ajusta cuando sea necesario. Te tomará aproximadamente **90** días para poner las cosas bajo control con tu presupuesto. ¡Pero lo lograrás!
- ¡¡¡No te rindas!!!

"No hay dignidad más impresionante, ni independencia más importante, como el vivir dentro de sus medios."
Calvin Coolidge

Capítulo 3
Principio 2: Mantente Preparado. Ahorra para Emergencias.

"Tesoro precioso y aceite hay en la casa del sabio; Mas el hombre insensato todo lo disipa."
Proverbios 21:20 (RVR1960)

Al crecer en una isla tropical, pasar por las tormentas tropicales y los huracanes era parte de mi forma de vida. Como cuestión de hecho, recuerdo claramente cuando el huracán Eloísa groseramente se entrometió en mi 8vo cumpleaños en 1975.

En Puerto Rico, siempre sabíamos la jugada: Entre el 1ro de junio y el 30 de noviembre tenías que estar preparado para la posibilidad de un montón de lluvia, la pérdida de electricidad, y la interrupción del servicio de agua. Esto significaba que teníamos que tener a la mano alimentos no perecederos, agua potable, pilas (baterías) para la radio (para mantenerte al día con las noticias), linternas y velas. También significaba que tenías que asegurarte de que habías puesto suficiente gasolina en los coches.

Este ejercicio no cambiaba cada año, porque sabíamos que la posibilidad era muy real de que seríamos afectados por una tormenta. Sin embargo, nunca faltaba la gente que no se había preparado. Era divertido (y un poco triste) ver las noticias en la televisión reportando sobre la gente corriendo al supermercado para comprar lo necesario *el día antes* de que la tormenta estaba programada para llegar o en algunos casos, *el mismo día* que la tormenta iba a llegar. Se podía ver la ira y la desesperación de las personas a medida que se enfrentaban a los estantes vacíos y las largas colas. Por lo general pensaba: *¿No sabes dónde vives? ¿No has visto las noticias? ¿Por qué es esto una sorpresa y por qué esperaste hasta ahora?*

Cuando se trata de nuestras finanzas, podemos llegar a ser culpable de la misma falta de preparación. Sabemos que pasan cosas en la vida y que nos toparemos con algunas dificultades. No estoy tratando de ser pesimista pero realista. Las situaciones de emergencia van a pasarnos a todos. Entonces la pregunta es: ¿estás preparado? La mayoría de las encuestas indican que la mayoría de los estadounidenses no tiene $1,000 en ahorros para cubrir una situación de emergencia. Y a pesar de algunas mejoras de los últimos años, la tasa de ahorro estadounidense queda todavía considerablemente atrasada en comparación con otras naciones. Estamos ahorrando más de un par de años atrás, pero no lo suficiente.

Entonces, ¿qué hacer al respecto? La respuesta es la siguiente: tú y yo tenemos que tener una *reserva de emergencia*.

¿Qué es una Reserva de Emergencia?

En primer lugar vamos a definir lo que es una situación de "emergencia" con respecto a tus finanzas. Es un gasto inesperado que no va a estar cubierto en tu presupuesto mensual:

- Reparaciones Mayores del Auto
- Reparaciones en el Hogar
- Reemplazo de un Enser Doméstico
- Gastos Médicos que no están cubiertos por el seguro médico.

¿Cuánto dinero se necesita tener en una Reserva de Emergencia?

Aquí esta lo que recomiendo:

- Reserva de Emergencia inicial: **$1,000**
  - **$500** si tu ingreso anual es menos de **$20K**.
  - Toma este paso *antes* de que empieces a pagar tus deudas de consumidor.
  - La mayoría de las *"emergencias"* típicas pueden ser manejadas con la reserva de emergencia inicial. Esa fue la cantidad que mi esposa y yo tuvimos mientras pasamos por el proceso de pagar nuestras deudas.

- Reserva de Emergencia completa: Suficiente para cubrir de **3 a 6 meses** de gastos expenses (basado en tu presupuesto mensual).
  - Toma este paso *después* que termines de pagar tus deudas de consumidor.

¿Por qué necesito una Reserva de Emergencia?

En una palabra: paz. Mi esposa y yo tomamos el paso de ser *intencional* con el ahorro de dinero y podemos dar fe de los beneficios. Las emergencias se han convertido en simples molestias, ahora que tenemos una *reserva de emergencia*. Si el auto se descompone lo arreglamos. Si la lavadora o el refrigerador se agotan los reemplazamos.

Tomó tiempo y sacrificio, pero ya no nos preocupamos de dónde viene el dinero o de tener que decidir qué tarjeta de crédito tiene el balance disponible mayor. La reserva de emergencia te permitirá absorber los golpes que vienen de vez en cuando.

"Aquel que gasta más de lo que gana está sembrando los vientos innecesarios de indulgencia de los cuales va a cosechar los vendavales de problemas y humillación."
George S. Clason ("El Hombre Más Rico en Babilonia")

Capítulo 4
Principio 3: Reduce el Riesgo. Evita las Deudas de Consumidor y Paga la Hipoteca Temprano.

"El rico se enseñorea de los pobres, Y el que toma prestado es siervo del que presta."
Proverbios 22:7 (RVC1960)

Ya sea que se trate de tarjetas de crédito, préstamos para automóviles, o préstamos estudiantiles, las deudas del consumidor continúan siendo un problema grave para las finanzas personales. La deuda es la enfermedad que mata lentamente tu capacidad para ganar con el dinero. Es muy difícil prosperar con tu dinero cuando estás agobiado por una gran cantidad de deudas.

¿Qué pasaría si todos nosotros nos hiciéramos cargo de nuestro dinero? ¿Si realmente aprendiéramos a vivir con menos de lo que ganamos? ¿Si no tuvieses ningún pago? ¿Qué sucedería si tuvieses dinero en el banco? Ves, la deuda se nos ha vendido como una herramienta para la prosperidad y como una forma de vida. La realidad es que la deuda no es más que una forma moderna de esclavitud que te no te permitirá alcanzar la prosperidad y acumular riqueza.

Yo creí las mentiras sobre las deudas por un largo tiempo. Pero entonces, me decidí a tomar el control de mis finanzas porque esa era la única manera de prosperar. Me llevó mucho tiempo, esfuerzo y sacrificio, pero valió la pena. Así que vamos a hablar de por qué nos endeudamos, sobre cómo podemos salir de la deuda, y qué recompensas podemos esperar cuando aprendemos a vivir libre de deudas

¿Por qué Nos Endeudamos?

Si entendemos la raíz del problema, podemos tomar acción para cambiar nuestro comportamiento:

1. *No planeamos para los gastos.* Falta de control sobre nuestro dinero cuando no tenemos un plan de manejo de dinero que sea efectivo (es decir, un presupuesto). Parece que no tenemos suficiente. Falta de disciplina para ahorrar dinero para gastos mayores. Confundimos una línea de crédito con una reserva de emergencia.
2. *Queremos aprovechar las "ofertas".* Pasamos nuestro tiempo persiguiendo a las recompensas y aumentando el número de millas aéreas, puntos para otras compras, etc.
3. *Somos influenciados por la cultura.* Aceptamos que pagar interés es una forma de vida. El pago de intereses siempre te impedirá prosperar.

En última instancia, somos víctima de la trampa de querer todo ahora. Cambiamos la satisfacción inmediata de hoy por la mejor recompensa de un futuro financiero estable.

¿Por qué debo salir de las Deudas?

Mi esposa y yo recientemente celebramos nuestro 5to aniversario de vivir libre de deudas. En febrero de 2008, terminamos de pagar todas nuestras deudas de consumidor (tarjetas de crédito, préstamos estudiantiles, préstamos de automóviles, etc.)

La vida es diferente para nosotros ahora y aquí hay *siete recompensas reales* de vivir libre de deudas:

1. No nos preocupamos por que los bancos aumenten las penalidades o las tasas de interés en tarjetas de crédito, porque no usamos las tarjetas de crédito.
2. Nosotros no participamos en el juego *"adivinar su puntuación FICO"*. No me malinterpreten, nosotros si revisamos nuestro informe de crédito anualmente para asegurarnos de que esté correcto. Sin embargo, no nos basamos en la puntuación de FICO para saber que estamos ganando con nuestro dinero. Así que no nos preocupamos por las reglas de FICO para atinarle al numero mágico.

3. Hemos construido una reserva de emergencia de 6 meses. Sin tener la muleta de las tarjetas de crédito, no teníamos otra alternativa. Ahora, si tenemos una emergencia tenemos el dinero para cubrir los gastos.
4. Hemos aprendido la satisfacción y el contentamiento con lo que tenemos. Si queremos o necesitamos algo más, ahorramos el dinero en efectivo y lo compramos.
5. Somos más selectivos y paciente con nuestras compras. Simplemente, no compramos algo sólo para obtener millas o puntos, o porque podamos evitar intereses por 90 días.
6. Podemos ahorrar para nuestro retiro. Tenemos el dinero para ahorrar, ya que no se va a los pagos mensuales de las deudas.
7. Somos capaces de dar más. Tenemos más ingresos disponibles ya que todo el dinero no va a los acreedores. ¡Esa es la recompensa más grande!

He compartido contigo el proceso, los pasos para salir de las deudas. Yo también te he dado las razones por las cuales es una buena idea el estar libre de deudas. Lo que yo no te puedo dar es el ***deseo y la pasión para salir de las deudas***. Eso tiene que venir de ti. A fin de obtener de la deuda, algo tiene que cambiar en tu espíritu, en tu corazón.

Vas a salir de las deudas cuando:

- ***Admitas que utilizar las deudas no te traerá prosperidad***. Básicamente, deja de creer la mentira de qua el tener deudas es una herramienta para ayudarte a ganar con tu dinero. Solo basta con mirar los altos niveles de deuda de tarjetas de crédito, deuda de préstamo de autos y deuda de préstamos estudiantiles. Pregúntale a cualquiera de esas personas a ver si están prosperando.
- ***Te enfermes cuando te des cuenta de cuanto interés están pagando***. Haz el ejercicio matemático en cualquiera de los elementos de la deuda que estas cargando hoy. Analiza cuanto tiempo te va a tomar de pagar completamente cuando solo haces los pagos mínimos. Calcula cuanto te va a costar ese objeto que compraste a crédito al final. Haz el ejercicio matemático.

- *Te canses de llevar la carga de las deudas*. Tiene que venir un momento cuando digas: "¡No más! ¡No estoy viviendo de esta manera! ¡¡¡¡Se acabó!!!!" Hasta que eso pase, vas a seguir felizmente con tu carga y vas a continuar racionalizando tus deudas.

¿Cómo puedo salir de las Deudas?

Salir de tus deudas personales no es imposible. Pero tienes que llegar a un nivel de disgusto y de frustración contigo mismo. Tienes que decir que quieres terminar con las deudas por siempre. Que ya te cansaste de ser un esclavo de todos aquellos que te han prestado dinero.

Que estás listo para tomar control de tu destino financiero. Si estás dispuesto a cambiar, si de verdad quieres terminar con el hábito de tomar dinero prestado, hay una salida.

Aquí están los *6 Pasos Para Salir de Deudas*:

1. Establece una reserva de emergencia inicial de **$1,000**. Tienes que tener algunos ahorros porque así cuando tengas un problema con el auto, no vas a tener que usar tu tarjeta de crédito para pagar.
2. No tomes más dinero prestado. No añadas más deudas mientras estas tratando de salir de deudas.
3. Pon tus contribuciones para tu retiro en pausa *por el momento*. Si, incluso si tu compañía provee una contribución que paree la tuya. Necesitas todo el flujo de dinero que puedas tener. También es importante que te enfoques en la tarea de salir de deudas en vez de estar distraído con múltiples tareas.
4. Haz una lista de todas tus deudas (excepto tu hipoteca) *desde la menor hasta la mayor*. Asegúrate que estas al día con todos los pagos y haz los pagos mínimos cada mes. Entonces, empieza a pagar extra (todo lo que puedas) en la deuda mas pequeña.

5. Cuando termines de pagar esa primera deuda, toma el pago que estabas haciendo y añádelo al pago mensual de la próxima deuda en la lista.
6. Repite los pasos 4-5 hasta que termines de pagar todas tus deudas (tarjetas de crédito, cuentas médicas, préstamos de carro, préstamos estudiantiles). Con cada deuda que pagas, tienes más dinero disponible para pagar las deudas que quedan. Tu habilidad para pagar crece como una *bola de nieve* que se pone más grande mientras avanza al bajar por una montaña.

Hay un paso más que necesitas tomar: pagar la hipoteca temprano. Imagínate cómo sería entrar a tus años de jubilación sin un pago de hipoteca. No necesitas una hipoteca sólo porque deseas mantener una deducción de impuestos. Puedes lograr la misma deducción si aumentas tus donaciones caritativas.

Podrías tener total tranquilidad sabiendo que tu casa es completamente tuya. ¡Piénsalo!

"La deuda es tonta. Las personas más normales están quebradas porque están en deudas hasta sus ojos sin esperanza de ayuda. Si tú estás en deuda, entonces eres un esclavo porque no tienes la libertad de utilizar tu dinero para ayudar a cambiar tu árbol genealógico"
Dave Ramsey

Capítulo 5
Principio 4: Piensa sobre el Futuro. Ahorra para el Retiro y la Universidad.

"El hombre bueno deja herencia a los hijos de sus hijos, pero la riqueza del pecador está reservada para el justo."
Proverbios 13:22 (LBLA)

En este capítulo vamos a concentrar nuestra atención en el tema del ahorro de dinero para los objetivos a largo plazo. En los capítulos anteriores nos hemos concentrado en poner tus finanzas bajo control: vivir dentro de un presupuesto, pagar todas las deudas de consumidor y tener una reserva de emergencia completa.

Una vez que alcanzas un nivel de estabilidad con tus finanzas puedes empezar a pensar en el futuro. Dos de las áreas más críticas para el ahorro a largo plazo son el retiro y los gastos de la universidad para tus hijos. Pero con una base sólida puedes hacerle frente a los dos al mismo tiempo.

Ahorrando Para el Retiro

Cuando se trata de los ahorros para el retiro, la conversación pudiera ser difícil para ti por un número de razones:

- Podrías pensar que es realmente complicado. Te puedo asegurar esto: En realidad no es tan complicado.
- Podrías pensar que es demasiado tarde para ti, así que ¿por qué preocuparse a partir de ahora? Permíteme recordarte que no hay mejor momento que hoy. Aún estás a tiempo.
- Podrías pensar que vas a tomarte el chance con el sistema de Seguro Social. ¿En serio?

Así que lo que voy a tratar de hacer en esta sección es cubrir los aspectos básicos del ahorro para el retiro. Sin embargo, vamos a aclarar algo primero: *es tu responsabilidad*.

- No es responsabilidad del gobierno de ocuparse de ti después de tus días de trabajo. Y aunque fuese su responsabilidad, el gobierno es completamente incapaz de hacer las cosas bien. Es *tu responsabilidad*.
- Tu empresa no se hará cargo de ti después de tus días de trabajo. Los días del plan de pensión que iba a estar disponible luego de 30 años de servicio casi han desaparecido. Tu compañía puede ofrecerte programas para ayudarte a planificar tu jubilación, pero es *tu responsabilidad* el aprovechar esas oportunidades.

¿Cuándo debo comenzar a Ahorrar para el Retiro?

- Idealmente, debes comenzar tan pronto como sea posible una vez que empieces a trabajar. Cuanto antes, mejor.
- Sin embargo, recomiendo que primero debes de terminar de pagar todas tus deudas de consumidor (todo menos la hipoteca) y que finalices tu reserva de emergencia de *3 a 6* meses de gastos.

¿Cuánto debo Ahorrar para el Retiro?

- Debes estar ahorrando un **15%** de su ingreso familiar en las cuentas IRA Roth y otros planes de jubilación que ofrezcan ventajas en términos de impuestos.
- Planes que ofrecen ventajas en términos de impuestos incluyen: Cuentas de Retiro Individual (IRAs por sus siglas en inglés), Plan de Pensión Simplificado para Empleados (SEPP por sus siglas en inglés), 401k, 403b, y 457.
- ¿Cómo distribuyo el 15% en ahorros?
  1. Contribuye a tu plan de 401K provisto por tu patrón hasta la cantidad que ofrecen el pareo. Por ejemplo, si el plan hace un pareo de contribuciones de 6%, contribuye 6% a ese plan. Si te ofrecen la opción, elije el plan Roth 401K (¡porque crece libre de impuestos!)
  2. Por encima de la cantidad igualada en el 401K, contribuye a un IRA tipo Roth. Si tu patrón no ofrece

un pareo de contribuciones, empieza con una IRA tipo Roth.

3. Termina la contribución del 15% de tus ingresos con el 401K de tu empresa.

Recordatorios Importantes para Ahorros de Retiro

- Nunca inviertas en algo que no entiende lo suficientemente bien como para explicárselo a otra persona. Busca la ayuda de un asesor de inversiones que esté dispuesto a enseñarte a través del proceso.
- Nunca saques dinero de estas inversiones para el retiro antes de la edad de **59 1/2**. Vas a tener que pagar multas altas y también impuestos sobre la cantidad que retires.
- Nunca tomes dinero prestado de tu 401k. El interés que podrías "pagarte a ti mismo", será menos de lo que habrías ganado si hubieses dejado el dinero en un buen vehículo de inversión. Además, si pierdes tu trabajo antes de pagar el préstamo, tendrás que pagarlo en su totalidad dentro de **60** días. De lo contrario el préstamo será considerado como un retiro temprano sujeto a impuestos y penalidades.
- Si cambias de trabajo, mueve el balance de tu plan 401k a una cuenta IRA tradicional o IRA Roth.
- Siempre acumula la riqueza lentamente. ¡Mantenlo sencillo!

Ahorrando Para los Gastos de Universidad

Como padres, sentimos la obligación de proveer para nuestros hijos en todas las formas posibles. Para la mayoría de nosotros, eso incluye cubrir los gastos de una educación universitaria. La educación es fundamental para el éxito en el mercado y por lo general los graduados universitarios tienden a tener más opciones de empleo.

Así que la pregunta no es si debes pagar por los costos de la universidad de tus hijos, la pregunta es cómo lograr este objetivo sin poner tu futuro o el futuro de tus hijos en peligro. Pero recuerda, la universidad que elijas debe ser proporcional a tu ingreso familiar.

Los Riesgos de los Préstamos Estudiantiles

La falta de preparación nos lleva a creer que sólo hay una manera de pagar por los gastos de la universidad: mediante el uso de la deuda en la forma de préstamos estudiantiles.

Permítanme compartir con ustedes algunas estadísticas que nos van a ayudar a poner las consecuencias de esta creencia en perspectiva:

- El precio por habitación y comida en los colegios se ha duplicado desde 1982 y la matrícula ha aumentado **439%** en el mismo período.
- Los préstamos universitarios suman ahora un total de más de **$1T**, una cantidad que recientemente superó el monto de la deuda de tarjetas de crédito en los EE.UU.
- La deuda de préstamos estudiantiles ha aumentado **511%** desde 1999. Ahora los estudiantes se gradúan con una deuda promedio de **$25K**, cifra que ha crecido más de un **50%** en la última década.
- Más del **45%** de los estudiantes no se gradúan por lo que se quedan con la deudas y sin un título que mostrar por el gasto.
- Desde el año 2008, el **85%** de los licenciados universitarios se han estado mudando de nuevo con sus padres después de graduarse.

Además de estas cifras asombrosas, hay mayores implicaciones de caer profundamente en deuda de préstamos estudiantiles. Este tipo de deuda *no puede ser eliminada a través de la quiebra*. La decisión de entrar en deudas a los 18 años te puede seguir en los próximos años.

¿Sabes qué más sucede cuando tienes una gran cantidad de deudas de préstamos estudiantiles? Pierdes opciones para tu carrera. Tienes que mantener un empleo en cualquier trabajo que puedas conseguir para poder hacer los pagos del préstamo.

Si piensas que una mejor opción para ti como padre es el obtener préstamos en tu nombre para cubrir los gastos, simplemente estás transfiriendo el riesgo a ti. Podrías estar en una mejor posición para pagar la deuda, pero la deuda podría obstaculizar tu capacidad para ahorrar para el retiro y lograr otras metas financieras.

Desde luego, tiene que haber una mejor manera que usar las deudas y es a través de los ahorros. Puedes pasarle a tus hijos el gran don de ir a la universidad sin deudas. ¡Es posible!

Opciones para Ahorrar para los Gastos de Universidad

La mejor opción para los ahorros para la universidad es la Cuenta de Ahorros de Educación (ESA por sus siglas en inglés), también conocida como la "IRA de Educación".

- Puedes ahorrar hasta **$2K** por año por niño y lo más importante: *¡¡¡crece libre de impuestos!!!*
- Por encima de la ESA, puedes utilizar los planes tipo **529**. Concéntrate en los planes que te dejan en el control de los fondos. Morningstar ha hecho la investigación sobre los mejores y los peores de estos planes 529.
- Después de esto, se puede pasar a un plan de tipo **UTMA/UGMA**. La cuenta aparece a nombre del niño y se nombra un custodio (padres o abuelos). El custodio es el administrador de la cuenta hasta que el niño cumpla 21 años. A la edad de 21 (años 18 para UGMA), el control de la cuenta pasa al niño.

Opciones para Pagar por los Gastos de Universidad

- Los costos de la universidad van a variar mucho entre las escuelas de tu estado local y esas fuera del estado y también entre las escuelas públicas y privadas. Así que debes guiar a tus hijos a tomar una sabia decisión en consonancia con lo que se puede pagar en tu hogar.
- Empezar en un colegio comunitario, por ejemplo, seria muy económico antes de que tu hijo/hija se mude a una

universidad de 4 años para terminar su grado. Al final del día los empresarios van a fijarse más en lo que la persona sabe y lo que traen como valor a la compañía, que la universidad de la cual se graduaron.

- Además, tus hijos pueden ayudar mediante el tener buenas calificaciones y sobresaliendo en los exámenes de ingreso a la universidad. Eso los ayudaría a conseguir becas. Hay muchas becas que están disponibles, así que empieza a investigar desde ahora.
- Otra opción para el pago es que tus hijos tengan un trabajo durante la universidad. Nuestro hijo trabajo a tiempo parcial hasta que termino la universidad y así fue parte del proceso. Juntos logramos nuestra meta de una educación libre de deudas para él. ¡Y se graduó en el tiempo mínimo y con buenas notas!

Tienes que empezar a ahorrar desde ahora para que puedas prepararte para el día en que necesites cubrir los gastos de la universidad. ¿Ya empezaste? ¡Excelente y sigue adelante! ¿No has comenzado todavía? No demores más. ¡Comienza hoy mismo!

"Al presente ninguna disciplina parece ser causa de gozo, sino de tristeza; sin embargo, a los que han sido ejercitados por medio de ella, les da después fruto apacible de justicia."
Hebreos 12:11 (LBLA)

Capítulo 6
Principio 5: Diversifica tus Inversiones. No pongas todos tus huevos en una sola canasta.

"Reparte tu porción con siete, o aun con ocho, porque no sabes qué mal puede venir sobre la tierra."
Eclesiastés 11:2 (LBLA)

En el capítulo anterior, cubrimos el tópico de ahorrar para los objetivos a largo plazo como el retiro y los gastos de la universidad. Para tener éxito con estos objetivos, necesitas una estrategia de inversión sólida.

Ahora, yo no soy un planificador financiero certificado (CFP por sus siglas en inglés) o un asesor de inversiones, pero si puedo compartir cómo he estado invirtiendo para mi futuro. Mi esposa y yo ya cubrimos los gastos de universidad para nuestro hijo, por lo que nuestra atención se concentra ahora en ahorrar para el retiro.

Tengo una *estrategia de inversión simple*. Tanto en mi 401K como en mi IRA de tipo Roth estoy invirtiendo únicamente en 4 tipos de *Fondos Mutuos* con una larga trayectoria (de al menos 10 años). Un fondo mutuo es una inversión, donde miles de personas combinan su dinero para comprar una gran variedad de acciones, bonos u otros tipos de inversiones. Los fondos mutuos están limitados al tipo de inversión se muestra en su folleto.

Estoy evitando invertir en acciones individuales y no estoy invirtiendo en fondos mutuos que compran bonos. Mi esposa también tiene una cuenta IRA tradicional y una cuenta IRA Roth y estamos aplicando el mismo enfoque a esas cuentas.

¿Cómo Debo a Dirigir las Inversiones?

La idea de la diversificación es para ayudarte a manejar el riesgo. El mercado de inversión es fluido y a veces las inversiones proveerán buenos resultados y en otras ocasiones no van a rendir buenos dividendos. Si todo su dinero está en una sola acción o un sólo tipo de fondo de inversión, el riesgo es demasiado alto. Reduce al mínimo el riesgo mediante la diversificación.

Así es como mi esposa y yo estamos dirigiendo nuestras inversiones en nuestros vehículos de retiro:

- **25%** en *Fondos de Crecimiento* ("Mid Cap": Las empresas que tienen una capitalización de mercado de entre $2M y $ 10B)
- **25%** en *Fondos de Crecimiento e Ingreso* ("Large Cap": Las empresas que tienen una capitalización de mercado de más de $10B)
- **25%** en *Fondos de Crecimiento Agresivo* ("Small Cap": Las empresas que generalmente tienen una capitalización de mercado de entre $300M y $ 2B de dólares)
- **25%** en *Fondos Internacionales* (empresas que se encuentran en cualquier lugar fuera del país a sus inversores de residencia. En nuestro caso, estas empresas fuera de los EE.UU.)

Recordatorios Importantes

- Aprende acerca de los fondos mutuos. Lee, evalúa. Pide consejos para conseguir un buen asesor de inversiones que esté dispuesto a enseñarte y a trabajar contigo. No trabajes con alguien que solo está tratando de hacer una venta.
- Busca los fondos de inversión con un buen historial de 5 años o más. Yo prefiero los fondos con al menos **10** años de historia.
- Puedes buscar fondos con rendimientos que promedian al menos el **12%**. ¡Están disponibles! A modo de ejemplo, en el 2012, la combinación de los fondos en mi plan 401K tuvo una tasa de retorno de **19.4%**.
- Evita invertir en acciones individuales. Si quieres invertir en acciones de tu empresa, no debes tener más de un **5-10%** de tu cartera de inversiones de retiro.

- Invierte constantemente y con una mentalidad a largo plazo. Una vez que entras, quédate en el mercado y no te preocupes ya que el mercado hace ajustes todo el tiempo. Recuerda que este es un maratón y no una carrera de velocidad. ¡Sé paciente!

"No pongas todos los huevos en una sola canasta."
Warren Buffet

Capítulo 7
Principio 7: Ama bien a tu Familia: Trabaja con tu Cónyuge. Obtén Seguros. Prepara un Testamento.

"Pero si alguno no provee para los suyos, y especialmente para los de su casa, ha negado la fe y es peor que un incrédulo."
I Timoteo 5:8 (LBLA)

Una de las mejores películas de todos los tiempos es por supuesto *Braveheart*. Hacia el final de la película, ***Sir William Wallace*** se enfrenta a la ejecución. La ***Princesa Isabel*** no puede soportar la idea de que muera. En una de las grandes líneas del filme, Wallace le dice: "***Todo hombre muere, no todo hombre realmente vive.***" Sir William Wallace había dado toda su vida por una causa noble y justa. Dio el ejemplo de jugar por encima de la línea y le dio su todo.

Lo mejor que puedes para vivir tu vida bien es tener y demostrar el amor por tu familia. Aquí hay 3 áreas en las que puedes amar bien a tu familia.

Trabaja Con Tu Cónyuge

Para ganar con tus finanzas es necesario tener un entendimiento común con tu cónyuge. Independientemente de lo que sean tus ingresos y lo mucho que puedas o no saber acerca de las finanzas, es necesario tener ***objetivos comunes y también los sueños y la responsabilidad compartida*** para hacer lo que se requiere para alcanzar esas metas y sueños.

Deben ***ser honestos*** el uno con el otro en el área de las finanzas. Hablen acerca de sus sueños y sus metas, así como de sus temores. Discutan los errores que han cometido con el dinero anteriormente. Todos hemos cometido errores con el dinero, pero lo importante es saber lo que hemos aprendido de esos errores.

Hablen de lo que saben y lo que no saben sobre las finanzas. En sus conversaciones hablen de cómo sus respectivas familias manejaron el dinero, ya que esa influencia tendrá un efecto en su punto de vista para manejar el dinero.

Finalmente, tu lenguaje tiene que cambiar de *"tú"* y *"yo"* a *"nosotros"* y de *"tuyo"* y *"mío"* a *"nuestro"*. Si no trabajan juntos van a estar trabajando el uno contra el otro. Ustedes están construyendo una vida juntos, así que seguramente pueden trabajar juntos en su dinero.

Obtén Seguros

¿Cuál es el rol de los seguros? En términos simples, un seguro es la herramienta que está diseñada para proteger a ti y a tu familia contra lo que pueda pasar. Cuando tienes el nivel adecuado de cobertura de seguros, *transfieres el riesgo* a otra entidad (un proveedor de seguros) y pagas una *prima* para cubrir la transferencia de riesgo.

Si lo piensas, los seguros trabajan como un paraguas cuando llueve. El paraguas no detiene la lluvia, pero evita que te mojes. Del mismo modo, tener el seguro apropiado no detendrá un evento, sino que te ayudará a capear el temporal y a minimizar el impacto en tus finanzas. Entonces, ¿qué tipo de seguros necesitas?

1. *Seguro del Hogar / Seguro para Inquilinos:* Tu casa es tu activo más valioso por lo que necesitas que esté bien cubierto. Asegúrese de revisar tu póliza regularmente para verificar que la cobertura que tienes está en consonancia con el valor de tu casa. Otra opción es buscar una póliza que cubra "*el costo de reemplazo garantizado*" para tu hogar. Este tipo de cobertura es raro en estos días, pero aún así debes buscarlo. Si alquilas, también es necesario contar con la cobertura apropiada sobre sus activos para poder cubrir las pérdidas por robo o incendio como ejemplo.
2. *Seguro de Auto:* Debes tener ambos la cobertura de responsabilidad y la cobertura de la colisión de sus vehículos.

Tener por lo menos la cobertura de responsabilidad es un requisito legal en los EE.UU.

3. ***Seguro de Salud:*** Esta es una de las áreas más críticas para tener la cobertura adecuada. Las cuentas médicas son siempre una de las principales causas de la quiebra personal. Con el fin de ahorrar en tus primas, puedes aumentar tu deducible y / o cantidades de co-seguro. También debes evaluar si una ***cuenta de ahorros de salud (HSA por sus siglas en inglés)*** podría ser una buena opción para ti. La HSA es una cuenta protegida de impuestos de ahorros para gastos médicos que trabaja con una póliza de seguro con deducible alto.

4. ***Seguro de Incapacidad a Largo Plazo:*** Este es el tipo de seguro que reemplazaría tu ingreso si no pudieses trabajar por un período prolongado de tiempo. La mejor oferta en este ámbito es cuando es ofrecido por tu empleador a un precio reducido. Necesitas buscar una póliza que esté diseñada para sustituir el **65%** de tus ingresos.

5. ***Seguro de Robo de Identidad:*** El robo de identidad es uno de los crímenes de mayor crecimiento en los EE.UU. Más de 200 millones de personas han tenido sus identidades comprometidas en una violación de datos desde el 2005. El mejor tipo de cobertura contra robo de identidad no sólo supervisa contra el robo de identidad sino que también asigna un asesor / especialista para hacer frente a los servicios de restauración en tu nombre. Si tu identidad es robada, el problema más grande y más lento es tratar con los acreedores para restaurar tu buen nombre.

6. ***Seguro de Vida:*** Si tienes a cualquier persona que dependa de tus ingresos, tienes que asegurarse de que habrá provisión para elles en caso de que algo te suceda. El monto de la cobertura recomendada es de **8 a 10 veces** tu ingreso anual. La opción preferida es el seguro de vida a plazos, de **20 a 30 años**. Se trata de una opción menos costosa que un Seguro de Valor en Efectivo o Universal. La industria es muy competitiva por lo que si estás saludable, debes ser capaz de obtener una gran cobertura a un gran precio.

7. ***Seguro de Cuidado a Largo Plazo:*** Este es el tipo de seguro que va a pagar los gastos de una casa de retiro, en una

instalación de vida asistida, o para el cuidado en el hogar. Estos gastos son muy altos y si no están cubiertos podrían consumir tus ahorros para la jubilación rápidamente. **69%** de las personas mayores de **65** años van a requerir cuidado a largo plazo en algún momento de sus vidas. Debes adquirir este seguro tan pronto como a los **60** años de edad. Asegúrate de incluir un *ajuste automático* por costo de vida y que el período de pago sea *"hasta la muerte"*.

Prepara Un Testamento

Si no tienes un testamento, estás entre el **50%** de los estadounidenses con hijos que han dejado de lado este importante paso (Yahoo Finance, Mayo de 2012). ¿Cuáles son algunas de las razones para no hacer frente a este problema?

Podrías pensar que es costoso (no lo es), o complejo (no lo es), o que simplemente no tienes nada que dejar a nadie por lo que no necesitas un testamento (pero si te hace falta).

O es posible que no quieras pensar en tu propia mortalidad. Sin embargo, la realidad es que todos vamos a enfrentar la muerte y cuanto antes te enfrentas a ese hecho, el mejor de usted será. Así que aquí están las *3 razones por las cuales debes preparar un testamento*:

1. *Porque te pone en control:* Si mueres sin un testamento, el estado se hace cargo de decidir lo que pasa con tu propiedad. El estado ya tiene mucho que decir sobre lo que sucede en nuestras vidas privadas. No hay sabiduría en dejar la disposición de tus bienes al gobierno.
2. *Porque es sencillo y económico:* No necesitas un abogado de bienes de alto precio para hacer esto. Para la mayoría de nosotros es realmente un proceso simple. Personalmente he usado un servicio a través del Internet que nos proporcionó mi esposa y yo con los formularios requeridos específicos para nuestro estado. Sólo tomó un par de horas y menos de **$50** y pudimos poner nuestros últimos deseos en papel.

3. ***Porque demuestra el amor por tu familia:*** Imagínate si algo llegara a sucederte. En medio del dolor y la tristeza de perderte, tu familia también tiene que lidiar con las ramificaciones legales de qué hacer con tus bienes. No los dejes con un problema. Ama a tu familia hasta el final y prepara tu testamento hoy.

Entonces, ¿estás listo para amar bien a su familia? Vivimos en un país lleno de oportunidades y todavía se puede dejar un legado. Pero hay que tener valor. Hay que ser atrevido. Tienes que elegir vivir por encima del promedio. ¡Comienza hoy mismo!

"Todo derecho implica una responsabilidad; cada oportunidad, una obligación; cada posesión, un deber."
John D. Rockefeller

Capítulo 8
Principio 7: Da Con Extravagancia.

> *⁶ Pero esto digo: El que siembra escasamente, escasamente*
> *también segará; y el que siembra abundantemente,*
> *abundantemente también segará.*
> *⁷ Que cada uno dé como propuso en su corazón, no de mala gana*
> *ni por obligación, porque Dios ama al dador alegre.*
> *⁸ Y Dios puede hacer que toda gracia abunde para vosotros, a fin*
> *de que teniendo siempre todo lo suficiente en todas las cosas,*
> *abundéis para toda buena obra;*
> *2 Corintios 9:6-8 (LBLA)*

Como escribí en la introducción de este libro, quiero que tengas un éxito increíble con tus finanzas. Quiero ayudarte a crear un plan para controlar y ganar con tu dinero. Como un cristiano evangélico, siempre te voy a hablar, enseñar y entrenar en la administración del dinero, desde el punto de vista de Dios tal como se ha establecido en las Escrituras.

Creo firmemente que una buena comprensión y la práctica de los principios de mayordomía son la base de un plan financiero exitoso. La generosidad es una marca distintiva de personas que prosperan con el dinero.

Sin embargo, de acuerdo a las estadísticas, la mayordomía es un tema difícil para el pueblo de Dios. Como promedio, solamente el **25%** de los Cristianos diezman (es decir, dan una décima parte) de su ingreso a su Iglesia local. Muchas Iglesias tienden a tener problemas para operar dentro de su presupuesto, lo que las obliga a eliminar o limitar sus programas. ¿Cómo podemos mejorar esta situación?

Lo menos que quiero hacer, es hacerte sentir culpable por no estar envuelto en un programa sistemático de diezmos y ofrendas. Pero también se que para poder ganar con tus finanzas, tienes que incorporar este elemento de mayordomía. Creo firmemente que Dios quiere que manejemos Su dinero de acuerdo a Su Palabra. Así que hoy quiero hablar sobre este tema desde Su perspectiva.

Con Él, al igual que con cualquier otra cosa en nuestro caminar cristiano, lo que más importa es la condición de nuestros corazones y no las acciones que tomamos. Cuando nuestro corazón está en el lugar correcto, el comportamiento seguirá.

Razones Para Dar

Si te preguntas: "¿por qué debo dar?", me gustaría darte mi motivación para dar. Estos provienen de mi perspectiva cristiana y de mi experiencia personal.

1. *Dios es el Dueño:* Yo entiendo que soy un administrador de activos para Dios y que Él es dueño de todo (Salmo 24:1). Él no "necesita" mi dinero. Además, le tendré que dar cuentas a Él por la suma de mi vida y las finanzas son sólo una parte de la cuenta (2 Corintios 5:9-10). Así que dar es realmente una cuestión de *obediencia*.
2. *Dios es el Proveedor:* Todo viene de Dios. Uno de los grandes predicadores y maestros de la Biblia de nuestra generación, el Dr. David Jeremiah lo ha expresado mejor: *"Dios es un Dios de gracia. Su gracia provee fuerza para ganar, la generosidad para dar, y la humildad para recibir."*Así que dar es realmente una cuestión de *acción de gracias*.
3. *Dios es el Ejemplo:* El dio el mejor regalo al dar a su Hijo como el Salvador del mundo (I Juan 4:9-10). El dar nos hace más semejantes a Dios y a Cristo. Ellos son dadores. A medida que crecemos en la semejanza de Cristo, debemos crecer en el aspecto de dar a medida que buscamos ser como Él (Romanos 8:29). Así que dar es realmente una cuestión de *madurez espiritual*.

Beneficios de Dar

También te podrías preguntar: *"¿Qué hay en esto de dar para mí?"* En primer lugar, vas a llegar a experimentar el gozo de dar. Dios es el gran Dador y nos ha dado lo mejor de Si mismo para nosotros. Cuando damos, estamos simplemente emulando a nuestro Padre Celestial.

En segundo lugar, cuando apoyas el trabajo de la iglesia, te permite participar en la gran aventura de hacer la obra de Dios. Cuando tu dinero está fuera de control, cuando estás profundamente en deudas, es muy difícil incorporarte en el avance del reino de Dios.

Por último, cuando das para ayudar a los demás, pones el amor y la compasión en acción. El objetivo de poner el manejo de tu dinero bajo control, el propósito de la creación de la riqueza es para que puedas compartir esas bendiciones con los demás. Sólo puedes dar esperanza, cuando tienes esperanza. Confía en mí, *es mejor dar que recibir* (Hechos 20:35).

> *"Dios es el gran dador. El gran proveedor. La fuente de toda bendición. Absolutamente generoso y totalmente fiable. El mensaje sonoro y recurrente de las Escrituras es claro: Dios lo posee todo. Dios lo comparte todo. ¡Confía en Él, no en las cosas!"*
> *Max Lucado ("Fearless")*

Capítulo 9
Conclusión: El Propósito de la Riqueza

[17] Enséñales a los ricos de este mundo que no sean orgullosos ni que confíen en su dinero, el cual es tan inestable. Deberían depositar su confianza en Dios, quien nos da en abundancia todo lo que necesitamos para que lo disfrutemos.
[18] Diles que usen su dinero para hacer el bien. Deberían ser ricos en buenas acciones, generosos con los que pasan necesidad y estar siempre dispuestos a compartir con otros.
[19] De esa manera, al hacer esto, acumularán su tesoro como un buen fundamento para el futuro, a fin de poder experimentar lo que es la vida verdadera.
I Timoteo 6:17-19 (NTV)

Al llegar al final de este libro, yo no quiero que pierdas de vista el hecho de que la búsqueda de la riqueza no es sólo un fin en sí mismo. Cuando miro el pasaje de las Escrituras anterior, quiero dejar contigo lo que me enseña acerca de la riqueza.

Espero que tomes estas lecciones en tu corazón al continuar tu viaje hacia el bienestar financiero.

1. No debemos tomar orgullo o poner nuestra confianza en nuestra riqueza. Cuando hacemos esto, transformamos nuestra riqueza en un ídolo y se convierte en el principal motivo de nuestra vida (Mateo 6:24).
2. Las riquezas terrenales son temporales y pueden estar hoy aquí y mañana no. Una pérdida empleo, una enfermedad, malas decisiones, o un evento socioeconómico realmente espectacular podrían causar que nuestra riqueza a desaparezca (Job 1:21-22).
3. Nuestra confianza debe estar en Dios, que es Aquel que provee todo en nuestras vidas. Todo lo bueno viene de Él. incluyendo nuestra capacidad para trabajar, ganar dinero y prosperar (Deuteronomio 8:18).
4. Vive con un corazón lleno de gratitud (I Tesalonicenses 5:18; Colosenses 3:15).

5. Es bueno disfrutar de los frutos de nuestro trabajo. No hay nada malo en gastar el dinero sabiamente (Eclesiastés 5:18-19).
6. Nuestra riqueza se debe utilizar para hacer buenas obras, y para ayudar a los necesitados. Siempre debemos estar dispuestos a compartir lo que el Señor ha provisto para nosotros (Gálatas 6:10).
7. Lo que hacemos por los demás en esta vida tiene más valor eterno que cualquier otra cosa eterna que aparezca en nuestra hoja de balance (Mateo 6:19-21).

"No somos cisternas hechas para el acaparamiento, somos canales hechos para compartir."
Billy Graham

Apéndice A. Acerca del Autor

José Figueroa nació y se crió en Puerto Rico, pero ha estado viviendo en el Estado de la Estrella Solitaria de Texas por más de **22** años. Después de pasar tiempo en Houston y Austin, ahora vive en Frisco, al norte de Dallas. Él tiene una pasión por ayudar a las personas tomar el *control de su dinero*. José sabe por experiencia personal que el manejo de las finanzas puede ser difícil y abrumador.

José se casó con su esposa Stacey en Marzo de 2003. Son miembros de la Iglesia Bautista Prestonwood en Plano, TX. Tienen un hijo adulto (Brent Jett) que trabaja como diseñador gráfico en Austin, TX.

Información de Contacto: Puedes hacer contacto con José por cualquiera de los siguientes métodos:

- Website: www.figueroafinancial.com
- e-mail: jose.figueroa310@gmail.com

Conexión vía las Redes Sociales

Facebook: www.facebook.com/figueroafinancial

Twitter: https://twitter.com/FigueroaFin

LinkedIn: http://www.linkedin.com/in/jrfigueroa

Google+: https://plus.google.com/u/0/b/111459341392513036380/111459341392513036380/posts

Pinterest: http://pinterest.com/jfigueroa310/financial-coaching/

www.ingramcontent.com/pod-product-compliance
Lightning Source LLC
Chambersburg PA
CBHW071549170526
45166CB00004B/1601